latência

ana f.
g. zocrato

atência

ilustrações
guilherme franco

2º edição

Crivo

f.

Para Amparo,
minha mãe e minha companheira
estupefata nesta viagem
maravilhosamente ilógica
que é a vida.

Meu amor peludo
de nariz tão gelado
te dedico as palavras
que lhe recitei em segredo
obrigado pela confidência
pelo sorriso torto
pelos pelos a serem acarinhados.
Te imagino em todas as alegrias que me
olham do cerrado.

Aos que sonham bonito
sem o eu antes de todo quero
aos que amo.
deixa a rima e abraça
estamos sós
mistério

g.

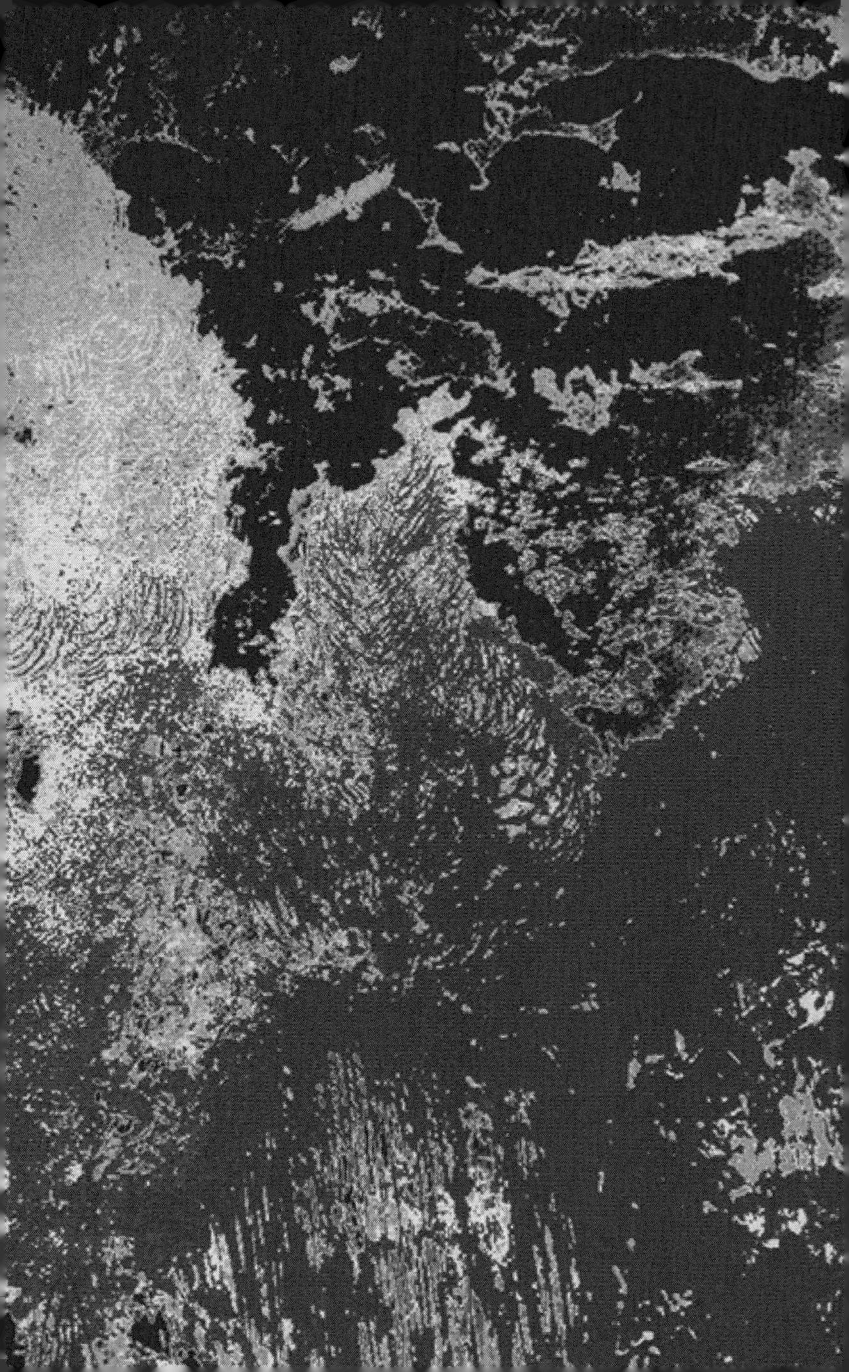

[...] hoje, sei que não posso me dar a conhecer, pois não sei quem sou. fui tantos outros anteriormente, irreconhecíveis, dos quais me lembro vagamente - essa "coleção de mins entrelaçados". mas silencio, respiro com a barriga como os bebês intuem e acertam, tento viver no exato momento em que vivo, sinto o modo como minha perna toca o chão do quarto ou o lençol ou a grama em que me assento, minha outra perna que pesa levemente em cima, olho para aquela árvore e para os frutos daquela outra como se pela primeira vez, observo meus pensamentos sem alimentá-los ou julgá-los, o modo que fluem, desaparecem, e quando já não estão mais em mim sei que não são necessários, que não sou o tédio, tampouco ofensas e traições e decepções, sou algo anterior, maior, a possibilidade; um processo de autoconhecimento que durará até o dia de minha morte, não mais esperada e às vezes desejada como antes - "passar a vida combatendo a vontade de acabar com ela" -, mas pacificamente abraçada, e sem dizer últimas palavras, antes que uma mão feche meus olhos, perceberei, não importa o que fui, pois sou.

lucas schiavo

abrigo

Motriz

O barulho do não choque
A descoberta sem alarde
Volúpia não consumada
Um coração falhou - entupido de reincidência
Veias vazadas teclaram o típico alijado

O barco segue
sem forma

O que quero não mudou - e vale a pena.
Tem janelas pintadas e asa ritmada
Se esconde em algum lugar que não estou
Faz de aparecer
não vem.

A entranha,
músculo pungente,
cais fiel itinerante,
espera a novidade.

C.A.

sobre as coisas [em Signo de]

Corro para que não
falar faz acontecer...
acontece.
Vamos falar de outra coisa?

Andorinha é bicho que avoa
faz tempo que a gente acha que sabe
corta a vista e volta
parece que não se acaba.
Eu queria uma foto e ela não mais existiu.

Se a gente soubesse como é,
não seria assim.
Seria
Eu prefiro a felicidade
agarrar-se a [   ] é planctônico[1]
sou nécton[2], caso me chamem

Quando a orelha pulsa é porque sinto muito
o [   ] não pertence
o que importa a gente não sabe
quem sabe é porque já não
queria dizer de tudo mas não cabe
tomara que outras venham.
o céu flocado de preto
explicando a gente - grande

o que se sabe não saber
nem de [ ]
longe.

2 de maio de 2010

a única poesia
capaz
essa falácia
tem espaços brancos
tem nervos soltos
jogados
sem cuidado
no meio do corpo
na lama pros porcos
afoga
deságua
me cospe
respira o sal
e ancylostoma[3]

a única poesia
capaz que não
não tem cabimento
se for assim
um amor não morre
com um cabelo cortado
uma caneta parecendo um cigarro
um faz de conta de saudade
almoço-não

a única poesia
me cora
me faz pular
e não me afunda
é besouro d'água
barranco
formiga
e um espinho certeiro na mão
pra encontrar os nervos soltos
os gritos da minha agonia

f.

abril I

Casa vazia
rosto vazio
pessoa coisa,
vida perdida;

dá-me um beijo
recebe-me inteiro
deseja-me mesmo que feio
decida-se agora mesmo.

deixa pra lá
são só as minhas esperanças retirantes
ficam esperando a chuva
pra voltar
brotar da terra seca
morrer de fome
amar de novo tudo aquilo
que não presta e não se
presta a renegar ou alimentar;
janto as migalhas de atenção.

Quando eu for mais forte
e pegar de vez o trem pra longe
você chega na estação
seis segundos atrasados

é por isso que eu fico
é por isso que eu não fujo
pra fazer um final feliz
pra fazer você feliz
pra saber que enfim
você lembrou que era ontem
que eu partia
e sentiu vontade de voltar no tempo.

Parei ele só pra você. Agora não demora.

4 de fevereiro de 2010

indizível solidão em que meu sol me dei-
xou e a fome e a vontade nada pronto
tudo pela metade não tenho sido útil
os dedos não tocam qualquer troço sem
quebrar eu desisto a cada segundo mas
como não tenho pra quem correr insis-
to alguma migalha qualquer resto à toa
será que você não pode me jogar aí do
alto uns beijos doentes e pálidos doen-
ças de vênus pena de mim pelo amor
de deus que pecado é esse de me deixar
morrendo aqui ventando na sua janela
tá frio e digital tá tudo sem mato você
acha que eu vou aguentar onde está
minha respiração por favor meu sol será
que você não pode se jogar aí do alto

abril II

Ridículo.
Sempre o otário da vez.
Pierrô, pierrô,
esquece de vez essa ingrata
Aqueles que o mundo ama
não sabem amar ninguém
ficam esperando, esperando, esperando
alguém
que nunca cabe

Corto-me todo para o pacto de sangue
está acordado
todo sentimento ficará trancafiado
e morrerá dormindo
sem nem um buraquinho para o ar.

Se há alguém - qualquer um!
importa
não há senha
não há chave
o segredo é que o cofre
só abre por fora
(chega do risco bonito e certeiro
de me estrepar).

Se soubesse um pouco menos do que é
e enxergasse metade do que faz
não quereria
não morreria
todo dia um pouco mais

Vá, seja feliz (se já não é)
e me deixe
viver de raiva
comer maldições
pra vomitar no seu jardim.
nada mais peço
Vai. Volta não, rapaz

g.

24 de outubro de 2012

você não sabe da terra que eu como
não conhece
não sujou
fica aí, com a lã sobre os ombros,
com a chuva lá fora
você não sabe pôr a chuva pra dentro
não conhece
você não goza por dentro

mineração

Sinto falta craterosa do amor
eros[iva] progressiva cripto[nita]

Que venham até aqui,
  me levem nos braços
    me deem de comer
      e onde descansar, seguro por
        seguro em
        seguro porém
pouco importa

No outro, nada me falta, porque
[nunca tive.
Mas e a vontade de correr
  gritando nomes pelas ruas
  bailar a vida em qualquer musiquinha
 ter a paciência maior que a estrada
 rir da própria (des)graça
 perder tudo pra não perder nada
  (dar?)

voar no depois da nuvem com a certeza do
[chão firme por debaixo

ver os problemas como realmente são:
   raquíticos, carentes, histéricos,
fazer do detalhe a causa mortis
 e da morte um detalhe   não
                              que   cabe

Exatamente muito além disso

Que falta não caber!
Como era transbordar todo dia?

Pleno

  Eu era feliz
    sabia
  sequei-me todo
  ao fim da fantasia
ao findar dar
  meu único bem
  eu, meu bem

flor
e
fruto

se eu fincar os pés
fundo no chão
e deixar a cabeça aberta
pra chuva entrar
ainda crio raízes
e me divido em poucos galhos
por vez
mas levo longe
os que vingarem

se, ao invés dos pés,
eu fincar as mãos
fundo no chão
um dia junto todos os galhos
num tronco só
e crio raízes
que vão fundo

amanda bruno

canção zocratíssima

eu rindo
renascendo
sentindo frio nas pontas dos dedos dos pés

eu andando por tanto lugar
sem tentar
eu consegui
imaginar você por aqui

tombando os galhos das árvores
fazendo dançar as grades dos pés de
[tantas frutas doces

não há outro recanto, meu amigo
não há outro lugar em que você pudesse
[estar

seu grito é tão agudo no meu átrio[4]
que seria esquisito

se eu não te risse nas cachoeiras
se ocê não fosse tão bonito
e não avoasse tão alto cada vez que
[quisesse se enterrar

antônio carlos é de rua sem saída
cimentos rupestres
(pra não dizer paralelepípedo
que é palavra-trambolhão
coisa-mesma que não se diz)
vidros quebrados de futebol
e muito amor
um amor antigo
de vó
tão forte
tão azul
e tão anzol
mas voa, meu amigo
um amor que voa que nem o nosso
voa que nem a gente
com tanto verso
e acorde fisgado
com tanta infrutescência roxa
pendurada nos ramos mirradinhos
em que cê tem mania de sentar
como se tivesse o não peso de um inseto
ou do amor seco e molhado
fazendo cócegas nas amoras do nosso pé

o fato é que essas ruas são assim há
[muito tempo

antes que eu lhes incomodasse os
[passeios pra ler caetano,
clarice, beauvoir e manoel

antes que houvesse uma casa vermelha
[demais
pequena por fora
e infinita por dentro

antes de haver cachorros e parentes
e carros estacionados
as ruas já não tinham saída
nunca foi fácil cruzar a cidade
assim como não se arranca fácil
um chapéu de pierrô
assim como não se arrancam
pedaços de carne que são a gente
e eu posso ver esses pedaços reunidos
virados num zocrato só
um ser anterior a toda essa confusão
como é que se diz?
gabriel!

sua graça de risadas mudas
e cabelos cacheados
balança essas redes com intimidade
come essas batatas fritas
chega à casa da bivó
sente saudade

só você
pra ser tão lindo
quanto esse lugar
meu amigo feito de carbono
e o dobro de ar
você é sopro que bicho solta
e matéria-de-poesia-prima pra planta
[amassar seu pão
é meu passarinho verde
cujo assobio não se reprime
dióxido de carbono
gelo-seco
sublime

seis de abril

Cachos que me olham
Cachos de bem comigo
Cachos de risos
de cor raiva, fogo; vergonha audaz.

Desses cachos muitos causos ouvi
nesses cachos nasci, cresci, renasci
Cada cacho tão amigo
Cachos de bem comigo

g.

cantiga de Fulô

para Floripes

você é um ramalhete das flores do pé
[da Serra
e o cheiro molhado dos pedaços de
[capim nos cochos
você é a quentura das manhãs
[de sábado
e a frescura em tardes brandas
[na varanda

minha vó
de cabelos brancos
minha vó
que me contou tanto

contou do pai
da mãe
da roça
dos alunos
do angu

cinco partos
milhões de netos
goiabada
cariru

minha vó
que é tão miúda
tão suave
e tão maior
me disse das letras
me disse dos números
me disse que o certo é o certo
e só

fonte das mitocôndrias[5] minhas
e das cantigas de pequena
e das histórias
e dos doces
e do time

me embalou tanto
chá de hortelã
me bordou tanto
chá de hortelã

não há ninguém melhor
não há um olho cego mais sabido
nem um sorriso torto mais bonito

matriarca boa
honesta
gigante
é coração demais

pra se espalhar em tanta gente
minha floripesinha
minha flor
ipezinho

f.

Neste teclado, Agora

Amadíssimo Palíndromo,

Não pude deixar de observar os louros que recebes agora por sua bravura perante as pequenezas da alma. No ponto crítico da batalha, largaste o elmo, o escudo e as armas para se jogar nua, de bandeira em punho, nos terrenos hostis, traiçoeiros por permanecerem ocultos aos olhos de quem os vê com receio. Queria ter o seu talento, transformando afeto em poesia do singular. Mas, não surgindo esta obra, fica o meu sentimento de orgulho, pois você foi forte por todos nós. Esconder o (para alguns) inimaginável não foi tarefa difícil - embora singelamente perfuro-cortante - mas da bruta fragilidade retirar amazona destemida é lindo, meigo e digno de glória. Que o calor forte do seu sol acorde todos os guerreiros das cavernas, e que saiam à luz e à luta, pois a vida é curta e a espera pode ser eterna.

Beijíssimos de alma a alma,

Última Letra

uma rua chamada Floripes

Floripes bonita e calma
das mais antigas da cidade
cercada de corpos (hoje) frescos
seus primeiros dias
- flor da idade -
(hoje) ninguém sabe, ninguém viu.
ninguém lembra.

Floripes e a sombra das árvores
o almoço simples
o ritmo lento
uma mesa
hoje
repousando na calçada

Floripes e os carros
hoje
barulhentos
velhos rabugentos
meninos traquinas
um susto (hoje), um surto de incômodos
no meio da madrugada.

Floripes, a guardiã da vida
hoje silenciosa.
agitada no horário de todos
por ela hoje passam, ficam ou não
crianças do bê-á-bá
mendigos, famílias, gordas senhoras,
[médicos e enfermidades
forasteiros
irmãs branquinhas
e os bêbados que riem alto em sua cabeça
buscando na cachaça
esquecer hoje
todos os dias

nela muita vida há
hoje vive.
muitas casas, muitos sapatos,
descalços,
todos a conhecem pelo nome,
se hoje a chamam,
não responde.
aceita as pisadas e os calos,
agradece a limpeza,
a televisão a lhe falar do mundo
de hoje.
Ontem foi assim?
não, ontem nunca foi.

Floripes, a primeira dama-flor-rua da cidade
tem memórias de todos os tempos
hoje não lembra onde
guardou
acha algumas jogadas
fragmentos de outros
hoje

Floripes hoje esqueceu
o amor que recebeu
ontem
antes de ontem
antes de outrem
antes de seu eterno hoje
mas ela sabe, eu sei que ela sente
o amor que lhe cultivam
sempre

12 de janeiro de 2010

você é melhor
e maior
que tudo que eu conheço
você parece que habita outros dias
e um tempo diferente corre pra você
seu passo parece que
perde uns pedaços
solta umas peles
marca o cimento
não sei se ando tonta por causa do sol
que me queima e eu deixo
ou por essa tristeza hospedada em mim
qualquer que seja o motivo ou a desculpa
em você eu avisto meu único cais

f.

Desses quartinhos
onde cochila a felicidade

Eu vi
Tudo mais silêncio
ou desimporta
o ar ritmado faz barulho quente
pesado   lento
saio pra não acabar
Sinapses[6] sonolentas
ruminadas.cautelosas
inspiro
debaixo do travesseiro
as palavras-clichê
não falar
não é óbvio?
medo
estranho
tanto
[   ]

asteraceae[7]

contido
cabelos presos - soltam-se
os olhos voam
corre descalça pela grama nua,
descarrega o que é preciso,
cai sem rumo e rola pelo trigo em flor,
a lua brilha - longe
paz.
arthur de campos

maior

Planetas azuis, verdes, amarelos
Bailando no cosmos
minhas mãos bobas
correndo atrás de si
deixando escapar o tempo

algumas palavras cheias
um vocativo, um subtexto
deixo todas as orbes caírem
meu universo pra você inteiro

de novo e agora
eu de ti
você sério, rindo da própria graça
não consegue dizer
meu riso secreto faz bem
seus fios adoram
meu cafuné imaginário

Vou tirar as pernas de maio
pra viver novamente arrastado
até que o tempo pare
meus olhos fixos
teu corpo-alma
eterno

g.

3 de outubro de 2013

te abraço como à curva de uma
[montanha
como faz a curva um rio que tempera
[teus cabelos

eu não quis te dizer mais cedo
mas estava tão verde
dava tanta certeza de maciez

a borda era reta
e era alta
eu olhava pra montanha
e te abraçava em pensamento

ainda não achei um jeito de separar
[você da natureza
se tudo que eu procuro no teu beijo
[- que há de vir -
é alguma garantia e um frescor
[contemplativo

eu quero alisar teus cabelos
e beijar os dentes que sobram

também seria lindo me afundar em tuas
[coxas
e, no teu riso ancestral, perceber-te a
[respiração
entender o ritmo
e tocar junto

como uma zabumba que repica no teu
[peito

um vento movendo a serrapilheira[8]

um caco de vidro no pé cascudo e seu
[símbolo

te abraço como à curva de uma
[montanha
te quero como quero as reentrâncias
[dessa montanha
que nasçam flores das fendas

e o vento carregue pro resto do mundo
a tua liberdade

A

Que delícia
formiguinhas por todos os cantos
trabalho que arrasta escorrega
vai... vai... vai.

Amar pode ser difícil
muita gente que ama, chora
mas a gente gosta
acha bonito
sofrer de poesia

Quando eu te achar,
você me acha também?

Vai saber
vai saber tudo que era pra ser?
mostrar os escondidinhos
as suas feiuras mais lindas?
os medos dos medos bobos?

Aquilo que tanto falam
que se acha e perde
e desiste e não sabe
e jura e mede e desmente
e procura e já:
        amor
Um domingo de sol e brisa de bicicleta
que corre a cara fazendo sorriso de atrito

Amor
ali se vai
e se me chamar
eu vou também

primavera de 2009

era de tardezinha
e os sapos testemunharam
a alegria da lagoa
ao receber aquele corpo

f.

aéreo

Tua roupa tem seu cheiro
teu cheiro tem seu cheiro
tua boca (claro!) tem seu cheiro,
aquoso e bebo.

Vou me perfumar com sua essência;
biopiratária não é crime
segundo as leis do coração.
mais vale uma memória que a liberdade
Sentimental

g.

ácido

Falam-me de coração
mas, quando ele se cala,
fica, insistente que ele só,
o estômago a rodar no ventre.
faz das tripas sua garganta
e como é risonho
e como é secreto.
seguro o umbigo
não deixo sair correndo
é sapeca, eu sei,
vai querer rolar na grama
cuspir ácido nas pombas
se jogar na cara alheia
e esfregar o piloro[9] onde não deve.
Acho engraçado.
tem gente que ri com a garganta
eu não, nunca ri muito com os outros
se rio de espírito inteiro
nada sai

nem o ar se move
fico a balançar o diafragma
um trampolim estomacal
depois termino súbito
o rosto lívido molhado roxo
cheio de falta de ar
como é bom rir comigo.
Estômago, você é leve.
devia amar.

pe(r)dido

vou pedir a Iemanjá
que do amar muito
eco oco de ser bonito
faça afeto feliz
feliz de ser junto
mandinga de mar

A ressaca não deixa
os risos não voltam
pro amor primeiro.
Fica o risco em alto mar
tritões malditos, bonitos
roubando o canto da sereia
a única pérola que há

Então leva, leva, Iemanjá
o coração inteiro
lava a alma
salga a vida
que de olhares perdidos
de bivalves[10] trancados
do mar imenso in variável
fica vazio o sertão

Traz a chuva doce
deixa a terra respirar
a planta crescer.
Ostra em mundo véio
Goiás sem porteira
nasce não.
É fruto de lá.

05 de Janeiro de 2011

era a primeira vez que via o mar sem meus pais. mentira, já o vira quando feio, frio, turbulento e estrangeiro. Mas, agora, era de verdade: fundão e sem protetor. sem proteção. foi assombroso de mim. cabralizei-me na contramão. Ana, meu amor, foi a primeira vez que engoli a bahia.

GLOSSÁRIO

[1] Planctônico - Referente à motilidade de organismos em ambientes aquáticos. No caso, aqueles que estão na coluna d`água à mercê das correntes, geralmente micro-organismos.

[2] Nécton - Grupo composto pelos organismos aquáticos capazes de se locomover livremente na coluna d`água, de forma ativa. Inclui a maioria dos vertebrados aquáticos e semiaquáticos, entre outros (polvos, camarões, feiticeiras etc).

[3] *Ancylostoma* - Gênero de verme nematódeo que parasita o intestino delgado de canídeos, felinos e humanos. Os ovos liberados nas fezes dos animais, no solo, passam por estágios larvais até se tornarem infectantes, quando procuram um hospedeiro. Podem infectar humanos que transitam descalços ou têm contato de pele com solos contaminados, podendo causar desde a parasitose subcutânea chamada popularmente de bicho-geográfico até verminoses mais graves, como o amarelão.

[4] Átrio - cada uma das câmaras cardíacas superiores separadas por um septo, as quais recebem o sangue das veias e o bombeiam para os respectivos ventrículos. Advém do latim *atrium*, o cômodo de entrada das casas na Roma Antiga, duplo significado que se mantém na língua portuguesa.

[5] Mitocôndrias - organelas celulares responsáveis pela produção de energia. Portam o chamado DNA mitocondrial, que é passado diretamente da mãe para os filhos, sem influência do material genético paterno.

[6] Sinapses - regiões de comunicação eletroquímica entre células do sistema nervoso ou entre o sistema nervoso e músculos ou glândulas. Transmitem informação, dando continuidade ao impulso nervoso em células adjacentes.

[7] Asteraceae - família pertencente ao grupo das plantas angiospermas, que se

valem de flores para a reprodução. São herbáceas, têm preferência por *habitats* montanhosos com o clima tropical. Suas inflorescências são do tipo capítulo, abertas sobre um disco, como as margaridas e os girassóis - de onde deriva o nome da família (*aster* = estrela, corpo celeste).

[8] Serrapilheira - camada formada por depósitos e acúmulos de folhas e matéria orgânica; reveste superficialmente o solo, nutrindo-o.

[9] Piloro - parte musculosa na porção terminal do estômago que regula a passagem do semidigerido para o duodeno.

[10] Bivalves - moluscos aquáticos cuja concha é composta por duas valvas que se abrem e fecham, controladas por músculos aderidos a elas. Ex.: mexilhão, ostra.

Organização: Carolina Arantes
Edição: Haley Caldas, Lucas Maroca de Castro e Rodrigo Cordeiro
Ilustrações: Guilherme Franco
Projeto Gráfico: Carolina Arantes e Haley Caldas
Glossário: Ana F., Isadora Martin Vianna e Gabriel Zocrato
Revisão: Amanda Bruno e Carolina Arantes

Dados Internacionais de Catalogação na Publicação (CIP)

L351 Latência / ana f., g. zocrato ; organizadora Carolina Arantes. - Belo Horizonte: Crivo Editorial, 03/2016.

64 p. (Poesia InCrível;3)

ISBN: 978-65-89032-54-0

1. Poesia brasileira. I. Alves, Carolina dos Santos Arantes. II. Carvalho, Ana Flávia de Melo Mendes. III. Zoccarato, Gabriel Marques.

CDD - 869.91

Ficha elaborada por Maria Regina de Oliveira Alcantara CRB6/2784

Crivo Editorial
Rua Fernandes Tourinho, 602, sala 502
30.112-000 - Funcionários - BH - MG

www.crivoeditorial.com
contato@crivoeditorial.com
facebook.com/crivoeditorial

Coleção
Poesia InCrível

1. nus, florais & ping pong - Hugo Lima, 2014.
2. mil noites e um abismo - Adriana Godoy, 2015.
3. latência - ana f. & g. zocrato, 2016.
4. temos vago - H. Henras, 2017.
5. estar onde não estou - Olivia Gutierrez, 2018.
6. ano bissexto - Neilton dos Reis, 2018.
7. casulo – Fabrício Seixas, 2019.
8. inflamáveis – Cecília Lobo, 2019.
9. coração à larga – Luiza Camisassa, 2020.
10. barulhos da chuva – Cibelih Hespanhol, 2020.
11. espelho umbigo capim - Malu Grossi Maia, 2021.
12. eu investigo qualquer coisa sem registro - Thaís Campolina, 2021.

Este livro é o terceiro volume da coleção de novos autores *Poesia InCrível.*

FSC
MISTO
Papel
FSC® C092828

Este livro foi composto em Typist e Special sobre o Pólen Bold 90g/m², para o miolo; e o Cartão Supremo 250g/m², para a capa. Foi impresso em Belo Horizonte no outono de 2023, para a Crivo Editorial.